RÉPONSE

AUX ACCUSATIONS DIRIGÉES

CONTRE

LA FAMILLE MORATI,

Dans une brochure anonyme, imprimée à Bastia
au mois de novembre 1842.

BASTIA,
DE L'IMPRIMERIE DE FABIANI.
1843.

À l'Auteur anonyme de la publication.

Monsieur,

En vous constituant volontairement notre accusateur, et en vous efforçant de faire croire que nous n'étions point exempts de reproches dans l'accusation de triste mémoire qui a failli nous rendre victimes d'une méprise, ou plutôt d'une intrigue déplorable, nous avons compris, et tout le monde a sans doute compris comme nous, que vous avez agi sous l'influence la plus honteuse et la plus malveillante.

Nous avions cru d'abord devoir laisser sans réponse ce libelle diffamatoire, ce monstrueux tissu de mensonges et de calomnies que vous avez si perfidement étalé aux yeux d'un pays intelligent qui avait jugé notre procès lorsque nous gémissions encore sous le poids de la détention préventive.

Un dédaigneux silence nous avait paru d'abord la seule réponse qui vous était due ; nous ne sentions nullement la nécessité d'une justification, du moment où la Corse tout entière, indignée de notre arrestation, avait proclamé hautement notre innocence, sanctionnée dans la suite par le verdict unanime du Jury et l'approbation générale de tout le département.

Qui sait cependant ce que votre écrit audacieux aurait pu devenir dans la suite des temps ? Qui sait comment il aurait pu être envisagé par une génération postérieure, étrangère aux évènements qui se sont passés et par conséquent à toutes les lâches machinations dont nous avons si injustement supporté les rigueurs ? Vous avez espéré peut-être de faire accueillir, avec le temps, un assemblage de faussetés et d'impostures comme l'expression de la vérité. Vous vous êtes trompé. L'opinion publique nous avait dispensé de vous répondre, nous voilà cependant disposés à rendre compte de notre conduite, car nous avons intérêt à porter les lumières du présent sur ce cahos déplorable de mensonges où vous avez cru pouvoir entraîner l'avenir.

Sans doute nous n'avons jamais mérité de *guir-*

landes ni de *palmes*, mais nous avions cru que le spectacle de nos infortunes avait excité, sinon l'indignation, du moins la pitié de nos compatriotes. Nous persistons dans cette croyance, vous seul et nos dénonciateurs vous avez été inaccessibles aux sentiments que l'on éprouve en présence de l'innocence opprimée.

Nos calomniateurs ont eu le plus grand intérêt à nous persécuter; ils avaient pensé avec raison qu'il fallait nous offrir en sacrifice, afin de se garantir eux-mêmes d'une accusation redoutable : quant à vous, qui que vous soyez, vous ne pouvez avoir été que le vil instrument de leurs perfides insinuations.

Un jour viendra, sans doute, où les ténèbres se dissiperont, un jour viendra où le témoignage des hommes sera libre et sans réticences, vous connaîtrez alors les véritables coupables, si vous ne les connaissez point encore, et vous nous direz si nous n'avons pas eu raison de vous regarder comme un homme méprisable, ayant voulu mentir à sa propre conscience, et si le public n'a pas bien fait de rejeter votre ouvrage avec indignation.

Imposons silence à notre douleur, reportons, puisque il le faut, nos souvenirs sur l'évènement déplorable du 5 avril 1841 et rappelons succinctement à nos concitoyens toutes les manœuvres coupables, employées, pendant l'espace de quatorze mois, pour faire peser sur une honnête famille la plus horrible des accusations.

Nous aussi, nous aurions pu donner une édition nouvelle de ces débats à jamais mémorables qui ont si fortement scandalisé la morale publique et offert à tout un pays le spectacle le plus déchirant; nous aussi, nous aurions pu reproduire à notre gré les unes après les autres les dépositions de cent-cinquante témoins entendus dans notre procès : nous n'avions qu'à recourir à l'obligeance d'un de nos défenseurs lequel en conserve encore une copie aussi fidèle et aussi complète que possible. Mais non, nous ne voulons pas encourir le reproche d'égarer, à notre tour, l'opinion publique. Pourquoi relater tant de fois les dépositions des témoins? N'ont-ils pas été entendus à la cour d'assises par un auditoire nombreux, intelligent, capable de les apprécier? Ne serait-ce point faire connaître ce que tout le monde sait et ce que notre accusateur s'est vainement efforcé de cacher, c'est-à-dire, que les seuls témoins à charge contre les frères Morati ou plutôt les seuls témoins *convaincus de leur culpabilité* c'étaient les sieurs Luc-Octave, Philippe et Denys Alessandrini, ainsi que leur cousin-germain, leur confident, leur ami, leur homme d'affaires, le juge de paix Pierre Paul Casabianca, dont nous aurons occasion de nous entretenir tout-à-l'heure?

Ainsi point de dépositions mensongères, point d'*omissions;* mais aussi point d'*adjonctions faites à dessein*. Prenons les faits tels qu'ils se sont passés, prenons-les dans ce compte-rendu que vous avez présenté comme une justification, et qui, sans vos observations, vos rectifications et vos réticences, n'aurait été contre vous-mêmes qu'un mémoire accusateur.

Nous n'avons jamais pensé, comme l'auteur anonyme a essayé de le faire accroire, que les poursuites dirigées contre notre famille avaient eu pour objet *la haine du chef du parquet contre les chefs de l'administration départementale*. Ces poursuites ont été provoquées par d'autres causes, nos dénonciateurs devraient, au moins, ne pas faire semblant de les ignorer. Tout ce que nous nous sommes permis de reprocher au magistrat qui dirigeait à cette époque le parquet de cette ville, c'est 1º d'avoir accueilli, avec une trop grande complaisance, les dénonciations de la famille Alessandrini ; 2º c'est de n'avoir pas voulu comprendre tout ce qu'il pouvait y avoir d'intéressé dans de pareilles déclarations; 3º c'est de n'avoir point su déjouer les menaces, les promesses, les menées occultes à l'aide desquelles nos calomniateurs espéraient obtenir notre condamnation; 4º c'est de nous avoir fait arrêter aussitôt après la mort de notre infortuné beau-père, malgré la voix publique qui proclamait notre innocence; de nous avoir emprisonnés pendant quatorze mois, tandisque les autres gendres (1) qui auraient dû tout au moins se trouver dans notre position, allaient librement de village en village et achetaient des témoins pour qu'ils fissent contre nous de fausses dépositions ; 5º enfin c'est d'avoir confié l'instruction de cet affreux procès au cousin-germain (2) de nos dénonciateurs, à l'ami,

---

(1) Nous voulons parler de tous les frères Alessandrini lesquels n'ayant jamais formé qu'une seule et même famille, ont toujours eu des intérêts communs.

(2) Il est ici question de Pierre-Paul Casabianca, qui a figuré dans ce procès non seulement comme témoin, mais encore comme juge instructeur. C'est à lui que s'a-

à l'homme de confiance de ceux qui, enveloppés par la voix publique dans cette exécrable accusation, avaient le plus grand intérêt à la détourner sur nos têtes.

La mort de M. Barthélemy Sebastiani a long-temps occupé tous les esprits; on s'est livré à des considérations, à des conjectures; on a cherché à s'expliquer comment et par quels motifs ce vieillard inoffensif avait été assassiné sur un chemin public au moment où, monté sur son cheval, il se rendait dans une de ses propriétés. Quels ont pu être les auteurs d'un attentat aussi audacieux? Deux hommes ont été vus sur le lieu du crime; ils avaient noirci leur visage et l'un d'eux portait un mouchoir sur l'œil gauche (1). Quelle passion a pu armer le bras des

---

dressa M. Chaix, alors procureur général en Corse, pour avoir des renseignements sur cet assassinat. Il était chargé d'entendre les témoins et de transmettre leurs déclarations à M. le juge d'instruction. Ignorait-il M. le procureur-général par quels liens puissants ce juge de paix était attaché à la famille Alessandrini? Faudra-t-il après cela s'étonner que cet évènement ait été enveloppé de mystères!

(1) Aurait-il eu quelque difformité? Ce ne serait alors ni Jean Casabianca ni Graziani. Parmi toutes les personnes qui ont figuré dans ce drame judiciaire, le condamné Santucci seul était borgne. Cet homme était, avant sa condamnation, en relation avec les Alessandrini; quand il fut arrêté, il se fit conduire chez eux par les gendarmes, il implora leur protection, et il eut avec Madame Alessandrini un entretien particulier.

assassins! Est-ce la vengeance? Barthélemy Sebastiani n'avait point d'ennemis : c'était un homme de mœurs excessivement simples, d'un caractère doux et paisible; il ne pouvait avoir inspiré un pareil sentiment. Est-ce la cupidité? Barthélemy Sebastiani, a-t-on dit de toutes parts, avait trois gendres; ils ont pu craindre de ne pas être admis à un égal partage dans sa succession; ils ont eu, par conséquent, intérêt à lui donner la mort avant qu'il n'eût fait ses dispositions testamentaires. Telle était l'explication que l'on donnait généralement de la mort de M. Barthélemy Sebastiani. Aussi, depuis le jour que ce malheureux vieillard a été trouvé gisant sur la route de *Terra-Rossa*, la voix publique a constamment proclamé que c'est dans la famille de la victime, et dans cette famille seule, qu'il fallait chercher les auteurs de cet assassinat épouvantable.

Quelque constante que fût à cet égard l'opinion générale, il est pourtant vrai de dire (et nous en appelons à la bonne foi de toutes les personnes désintéressées) qu'elle excluait formellement la famille Morati de toute participation à cet odieux attentat (1). En parlant de la famille en général, on ne

---

(1) Depuis le jour de leur arrestation jusqu'à celui de leur délivrance, la voix publique a toujours été favorable aux frères Morati. Eux seuls cependant parmi les membres de la famille Sebastiani ont subi l'épreuve d'une procédure criminelle. Et il faudra croire à la justice!......

voulait nommer personne; mais aussi, quand il était question des Morati en particulier, tous les doutes se dissipaient, tous les soupçons s'évanouissaient. On accusait la famille de la victime, mais de combien de membres une famille ne se compose-t-elle pas? Les uns peuvent jouir de l'estime et de la considération publique, d'autres, par de mauvais antécédents et une conduite équivoque, peuvent n'inspirer que des soupçons et de la défiance.

Que l'on ne se méprenne point sur nos véritables intentions. Nous n'avons accusé personne devant la cour d'assises, nous n'avons accusé personne pendant l'instruction, quoiqu'on en dise, et nous ne prétendons pas aujourd'hui nous ériger en accusateurs de qui que ce soit. A chacun sa conscience, à chacun ses remords! Plût à Dieu que les assassins de l'infortuné Sebastiani n'appartinssent point à sa famille! Ce serait un soulagement à notre douleur, ce serait un adoucissement aux tortures que nous avons éprouvées. Nous le répétons, ce n'est point comme accusateurs que nous venons répondre aux malveillantes insinuations de nos persécuteurs. Ce rôle n'a jamais convenu à la dignité de notre caractère; mais puisque la voix publique est unanime et constante sur ce point que M. Barthélemy Sebastiani a été assassiné par des membres de sa famille et qu'il n'a été assassiné que par eux, il faut que chacun se mette à sa place, il faut que chacun prenne enfin la position qui lui appartient.

Qui de nous était plus intéressé à la conservation de notre infortuné beau-père? Quelles étaient dans les derniers temps de sa vie ses affections et ses sympathies? Sur qui donc auraient dû planer les soupçons de la justice s'il est vrai que l'intérêt ait seul armé le bras de son assassin? Consultons votre compte-rendu accusateur; quelque peu véridique qu'il soit, nous y trouverons toujours la réponse à cette triple question; et s'il est constant que la vérité doive jaillir de cette réponse, nous verrons alors s'écrouler et s'anéantir la procédure mensongère et intéressée de Pierre-Paul Casabianca et de ses adhérents (1).

M. Barthélemy Sebastiani avait trois filles. L'ainée avait épousé en 1833 le sieur Luc-Octave Alessandrini, chef de bataillon en retraite, de la commune d'Oletta (2).

---

(1) Pierre-Paul Casabianca était évidemment intéressé à cacher la vérité pour favoriser ses cousins. L'habileté ne lui manque point pour ces sortes d'affaires : il a parfaitement réussi dans son entreprise.

(2) La famille Alessandrini se compose de plusieurs frères : ce sont MM. Luc-Octave, Mathieu, Philippo et Denys. La modicité de leur patrimoine les a toujours forcés à vivre en commun et à ne former qu'un seul et même ménage. Cette union entre les quatre frères a toujours eu pour objet de

Charles Morati épousa en 1835 la demoiselle Angélique, fille cadette. Possesseurs d'une fortune assez considérable dans le canton de Borgo, les deux frères Charles et Dominique Morati étaient issus de parents probes, qui avaient été entourés pendant toute leur vie de la vénération de leurs concitoyens. Les familles Sebastiani et Morati furent pendant longtemps dans les rapports de la plus étroite intimité. M. Barthélemy Sebastiani, ainsi que la dame Lucie son épouse, avaient pour Charles Morati une affection particulière et cette affection devint toujours plus vive et plus évidente jusqu'à l'enlèvement de la demoiselle Louise dont nous allons nous occuper.

Mgr l'Évêque Sebastiani avait laissé toute sa fortune à la demoiselle Angela-Santa, sœur de M. Barthélemy. Il était dans les intentions de cette

---

contrebalancer l'influence de plusieurs familles rivales qui jouissaient dans leur commune d'une fortune beaucoup plus considérable. Aussi, le désir de devenir des propriétaires aisés a été poussé par les Alessandrini jusqu' aux dernières limites. Il n'y a jamais eu qu'un seul d'entre eux qui se soit marié. Ce fut d'abord Denys, lequel ayant épousé une demoiselle Antoni de Bastia décida cette jeune femme mourante à faire un testament en sa faveur. On songea dans la suite au mariage d'un autre d'entre eux, et comme le sieur Barthélemy Sebastiani avait des filles auxquelles il donnait une dot assez considérable par rapport aux dots du pays, (25,000 fr.) on lui demanda l'aînée pour le sieur Luc-Octave et on l'obtint.

dernière que la majeure partie de son héritage servît à doter l'une des filles de son frère, afin que par elle la maison Sebastiani eût un représentant digne de sa haute position. C'était sur la demoiselle Louise que ce choix était fixé. Toutefois ces projets ne purent se réaliser. La demoiselle Louise venait souvent dans la maison Morati pour y voir sa sœur; des relations s'établirent entre elle et le jeune Dominique Morati; un enlèvement s'en suivit bientôt après.

Les Alessandrini, attentifs à tout ce qui pouvait opérer un refroidissement entre les deux familles, profitèrent habilement de l'occasion; ils firent croire à la demoiselle Angela-Santa et à son frère que Charles Morati et sa belle-mère n'avaient pas été étrangers à la fuite de Louise. Ils crient au scandale, ils rappellent à des vieillards crédules leurs espérances déçues, leurs projets qu'ils ne pouvaient plus désormais réaliser; ils ne manquent pas de jeter de l'odieux sur ce qu'ils appellent une combinaison préméditée, et ils parviennent, à force d'insinuations et d'intrigues, à faire regarder Charles Morati et Madame Sebastiani (dont l'affection pour la famille Morati leur avait toujours paru suspecte) comme les instigateurs et les complices de cet enlèvement. Madame Sebastiani est expulsée de la maison conjugale; elle est obligée de se rendre immédiatement à Borgo où elle est accueillie par les dames Morati, ses deux filles.

Au mois de septembre 1839, la demoiselle Angela-Santa tombe malade. Les frères Alessandrini se rendent à la Porta, ils la circonviennent, ils s'empressent auprès de M. Sebastiani et ils finissent par éloigner les frères Morati de sa présence, lorsque ceux-ci se bornaient à demander le consentement au mariage de la demoiselle Louise avec Dominique Morati. Cependant la maladie de la demoiselle Angela-Santa faisait toujours des progrès. Dans le courant du mois de novembre, elle tombe en défaillance, on vient à son secours, on la croit morte ; mais elle revient bientôt de son évanouissement, et, en reprenant ses sens, elle ne retrouve plus les clefs de ses malles qu'elle avait l'habitude de garder sous son chevet (1).

Aussitôt la demoiselle Angela-Santa est transportée de colère, elle accuse les Alessandrini de vouloir la dépouiller avant sa mort et de ne rester auprès de son lit que pour jouir du moment où elle rendrait le dernier soupir. Les Alessandrini sont contraints de quitter la maison sur le champ ; la malade ne veut plus les voir, elle donne immédiatement des ordres pour qu'ils soient expulsés de sa demeure. Ils avaient à faire un assez long voyage par un temps pluvieux au cœur de l'hiver, mais aucune considération ne peut apaiser la colère de la de-

---

(1) Tous les faits que nous citons sont résultés des débats ; nous les rapportons sans commentaires.

moiselle Angela-Santa, elle demande l'expulsion de ses neveux, elle la demande avec instance, elle se montre impitoyable pour tout le monde, même pour le petit enfant de Madame Alessandrini que celle-ci est obligée d'emporter avec elle.

Ce fut après l'expulsion des frères Alessandrini que la demoiselle Angela-Santa fit son testament, d'après lequel elle instituait son frère M. Barthélemy Sebastiani son héritier universel (1).

Le 20 mars 1840 la demoiselle Angela-Santa cessa de vivre. Les Alessandrini répandent le bruit que la femme du sieur Luc-Octave, leur frère, devait être l'héritière de M. Barthélemy Sebastiani. Eh bien! que se passait-il dans la maison Morati? On disait qu'ils n'avaient rien à espérer de la succession de leur beau-père, on disait que celui-ci voulait disposer de ses biens en faveur de la famille Alessandrini : les frères Morati ne s'en inquiètent nullement; ils se contentent de solliciter

---

(1) Si, comme le prétendent les Alessandrini, la demoiselle Angela-Santa voulait les instituer ses héritiers, pourquoi a-t-elle laissé sa fortune à son frère? Si elle voulait qu'il en fût seulement le dépositaire, pourquoi lui a-t-elle légué non seulement l'usufruit, mais encore la propriété de ses biens? On sait que Madame Alessandrini n'avait point d'enfants mâles, elle ne pouvait donc pas espérer l'héritage de son père lequel, suivant l'usage généralement répandu dans ce pays, ne voulait rien laisser à ses petites filles. Seul, parmi ses gendres, Charles Morati avait des garçons.

le consentement au mariage qui leur était obstinément refusé. Pourquoi ce refus ? Pourquoi cette obstination ? En voici le motif. M. Barthélemy Sebastiani voulait accorder à sa fille le consentement qu'elle lui demandait ; il aurait seulement désiré de lui faire sentir pendant quelque temps les effets de sa colère paternelle, en lui refusant, pour le moment, la dot qu'il avait donnée à ses autres filles. Malheureusement le juge de paix Casabianca jouissait de sa confiance, il n'ignorait point, lui, tout ce qu'auraient perdu les Alessandrini, ses cousins, si une réconciliation venait à avoir lieu entre les frères Morati et leur beau-père ; aussi, il abusait de la crédulité de ce vieillard, il s'insinuait adroitement dans son âme, il lui parlait le langage qui pouvait avoir le plus d'empire sur son cœur, le langage de l'intérêt ; il lui faisait sentir qu'en donnant à sa fille le consentement qu'elle sollicitait, il aurait été également obligé de lui constituer une dot (1). Cependant Barthélemy Sebastiani vivait toujours, il vivait malgré son irritation contre la famille Morati. Un assassin n'était pas encore venu l'attendre au détour d'un sentier pour l'immoler à sa fureur ; ce n'est que vingt mois plus tard, lorsque sa colère contre les frères Morati s'était enfin apaisée, lors-

---

(1) Pierre-Paul Casabianca a été, dans cette malheureuse affaire, à la fois témoin, juge et partie. Nous allons mettre

que, cédant au sentiment de la nature, il avait donné son adhésion au mariage de sa fille Louise, lorsque son gendre Charles Morati était redevenu l'objet de son affection, lorsqu'il avait rappelé auprès de lui

---

sous les yeux de nos lecteurs la lettre qu'il écrivait à M. Sebastiani un an avant sa mort ; on verra si elle ne confirme pas les faits dont nous venons de faire mention. Le style c'est l'homme, a dit un grand écrivain ; en voici une preuve bien évidente.

« Carissimo zio Bartolomeo,

» L'articolo 73 del codice civile parla di atto autentico in
» materia di consentimenti degli ascendenti per il matri-
» monio, per cui *quando lo date* è bene di farlo regolare e
» senza eccezione.
» Debbo non lasciarvi ignorare per mia garanzia in faccia
» vostra, e perchè dopo non possiate dire che vi ho ingannato
» che una volta prestato il vostro consenso legale per il ma-
» trimonio di vostra figlia, *vi nasce obbligo di dargli dote* o
» alimento quando piacesse alla signora Luisa o suo marito
» a farvene la domanda. Ma nello stato che trovansi le cose
» son di parere che voi non badiate a nulla, e farà d'uopo
» dargli anche una dote ragionevole. Ho voluto chiarirvi
» anche di questo perchè posteriormente se fosse stata fatta
» contro di voi *qualche domanda* non possiate dirmi : *mi*
» *avete ingannato* facendomi fare un atto senza conoscerne
» la portata. Arrivo in questo momento di Casinca e mi pres-
» so di rispondere alla vostra di jeri.

» P. P. DE CASABIANCA.

» Casabianca 8 Aprile 1840. »

Cette lettre produisit son effet, le consentement ne fut accordé que long-temps après.

M. de Casabianca, a dit l'avocat-général, a pu lire ces dispositions dans les anciens Statuts de l'île de Corse. — Qui donc alliez-vous justifier M. Sigaudy ?..... N'entendiez-vous pas qu'il parlait de code civil !

la dame Angélique Morati, sa fille, et qu'il lui avait donné la direction de ses affaires domestiques, lorsqu'il manifestait les dispositions les plus favorables à l'égard des enfants de Charles Morati, lorsqu'il annonçait publiquement son intention de donner à l'aîné une brillante éducation, et d'instituer le plus jeune son héritier (1) : c'est alors et alors seulement que l'infortuné Sebastiani est assassiné sur un chemin public, et que les deux frères Charles et Dominique Morati sont accusés d'avoir été

---

(1) Tous ces faits sont aujourd'hui de notoriété publique ; ils ont été attestés aux débats par tous les témoins qui avaient eu quelque rapport avec le sieur Barthélemy Sebastiani. L'auteur anonyme du Compte-rendu s'est trouvé lui-même dans l'impossibilité de les contester. Il résulte en effet de différentes dépositions, que M. Barthélemy Sebastiani se proposait de donner une brillante éducation au fils aîné de Charles Morati, et qu'il voulait instituer l'autre fils son héritier, à condition toutefois, disent quelques témoins, qu'il aurait épousé une demoiselle Alessandrini. On sait que ces conditions ne sont pas obligatoires, et que l'enfant institué aurait pû épouser une autre femme si la demoiselle Alessandrini ne lui eût point convenu.

« La mort du sieur Barthélemy Sebastiani, a dit le ministère public dans son exposé des faits, ne pouvait profiter qu'à ses gendres ce sont eux qui ont armé le bras des assassins. » D'où vient que tous les gendres n'ont pas été mis en accusation ? Est-ce que la mort de M. Sebastiani aurait profité aux Morati ? Qu'aviez-vous fait M. Sigaudy de votre perspicacité ordinaire ?

les instigateurs et les complices de cet infâme attentat. (1)

Ce n'est pas tout. Depuis la mort de la demoiselle Angela-Santa, quelque mésintelligence avait existé entre le sieur Barthélemy Sebastiani et son frère, M. Jean-Antoine Sebastiani, provicaire, curé de la Porta. Tous ceux qui ont eu quelque rapport avec la famille Sebastiani savent combien ce vénérable ecclésiastique a toujours été attaché à la famille Morati (2). Un rapprochement entre les deux

---

(1) Ils n'étaient accusés que par les frères Alessandrini et leur cousin Pierre-Paul Casabianca. La voix publique accusait les gendres en général et protestait contre l'arrestation de la famille Morati. Pourquoi cela ?

(2) Le Compte-rendu nous fournit à cet égard un extrait de la déposition du témoin Jean-Charles Petrucci, cousin des dames Morati et de la dame Alessandrini.

« Le 9 février 1840 j'ai été à Oletta chez M. Alessandrini. Madame était en couche. J'ai demandé à la voir et on m'a introduit dans sa chambre. Elle se plaignait de ses parents et surtout de son oncle (le Provicaire) qu'elle disait avoir fait des efforts pour indisposer contre elle le sieur Barthélemy. *Qu'il dispose de sa succession*, disait-elle, *mais qu'il me laisse celle de mon père.* Le sieur Denys Alessandrini prononça alors des menaces contre le sieur Barthélemy Sebastiani et contre les Morati. »

Ce témoin est un propriétaire aisé et honorable ; et comme les faits relatés par lui étaient de nature à faire impression sur le public, les Alessandrini cherchèrent à faire croire qu'il avait été suborné. Le langage digne et fier avec lequel il répondit à leurs attaques redoubla l'impression produite par ses paroles.

frères a eu lieu avant la mort de M. Barthélemy Sebastiani. Ils avaient conçu le projet de ne former qu'une seule et même famille. Si les frères Morati eussent convoité la plus grande partie de l'héritage de leur beau-père, il est évident que cette réunion pouvait leur être d'un grand secours, d'autant plus que le Provicaire ne voulait y consentir, qu'à la condition que son frère aurait rappelé auprès de lui sa femme, laquelle, depuis la fuite de sa fille, s'était réfugiée dans la maison Morati (1).

Ici pourrait s'arrêter notre réponse si nous avions seulement pour but de démontrer que nous étions intéressés à la conservation de notre beau-père plus qu'aucun membre de sa famille. Mais ce ne sont pas là les faits que nous désirions plus vivement porter à la connaissance du public; nous voulons encore que tout le monde sache quelles ont été, dans cette circonstance, les infâmes manœuvres de nos persécuteurs et avec quelle affreuse partialité cette déplorable procédure a été instruite. Secondée par celui qui, à cette époque, remplissait les fonctions de juge instructeur (2), la famille Alessandrini a eu la triste satisfaction de voir se pro-

---

(1) Le sieur Barthélemy Sebastiani avait adhéré à cette proposition. Il est assassiné au moment de réaliser ces projets. — Quelle conséquence en deviez-vous tirer pour les Morati M. l'avocat-général?.....

(2) M. Semidei.

longer, pendant plus d'un an, notre douloureuse détention. Faux témoignages, intrigues, corruption, tout a été mis en œuvre pour obscurcir la vérité, faire naître des charges imaginaires et détruire la preuve de notre innocence. La voix publique la proclamait de toutes parts (1); les parents, les amis de la victime élevaient la voix en notre faveur, mais, au mépris de ces manifestations éclatantes, nous avons été seuls l'objet des recherches de la justice (2). S'il est vrai que l'assassinat commis sur la personne de notre malheureux beau-père ait eu l'intérêt pour mobile, s'il est vrai, comme l'a prétendu le ministère public, que les gendres de cet infortuné vieillard aient redouté ses dispositions testamentaires, pourquoi tant de persécutions contre la famille Morati, tandis que l'on ne poursuivait pas la famille Alessandrini? Était-ce là le moyen d'arriver à la découverte de la vérité? Qui donc plus que Charles Morati jouissait de la confiance de son beau-père? Quel était son gendre le plus affectionné? Quel était celui qui avait la surveillance de ses biens? Quelle était, parmi les trois filles

_____

(1) *Cette accusation a trouvé beaucoup d'incrédules*, a dit avec raison le ministère public, dans son exposé des faits.

(2) Le frère, les cousins germains, les parents aux degrés les plus proches et les plus éloignés, étaient tous unanimes sur ce point. Nous ne parlerons pas de la femme du sieur Barthélemy Sebastiani, laquelle, on le sait, habitait la maison Morati.

de M. Sebastiani, celle qui dirigeait, au moment de sa mort, ses affaires domestiques? (1);

Encore, si, en épargnant des poursuites à la famille Alessandrini, on s'était du moins mis en garde contre ses affreuses machinations! Mais non, c'est dans cette maison que devaient se cumuler les preuves et les indices, c'est là que devait s'élever l'échafaudage de cette ténébreuse accusation. Si les Alessandrini avaient eu intérêt, dès le commencement, à connaître les assassins de M. Barthélemy Sebastiani, que n'acceptaient-ils la proposition faite par Charles Morati, avant l'arrivée du juge d'instruction, de déduire de la succession de leur beau-père une somme de dix mille francs destinée à récompenser celui qui parviendrait à la découverte des coupables (2)? Ce ne fut que plus tard que leur activité se déploya. Quand on vit que la justice prenait une voie détournée, on fit des efforts inouïs pour l'égarer dans sa marche et faire ainsi tomber quatre têtes innocentes. (3)

---

(1) C'est Madame Angélique Morati. Au moment de ce douloureux évènement, elle était sur le point d'accoucher.

(2) L'auteur de la brochure calomnieuse a prétendu que cette proposition fut faite par M. Denys Alessandrini. Nous lui donnons le démenti le plus formel. Les Alessandrini s'y étaient d'abord refusés. Ils y auraient consenti lorsque Dominique Morati était en état d'arrestation; on conçoit alors que M. Mattei, leur cousin, ait rejetté cette proposition avec dédain.

(3) L'acquittement des Morati, a dit le ministère public, sera une flétrissure pour la famille Alessandrini.

De nombreux témoins furent soudoyés (1); ils étaient présentés au juge d'instruction quand ils avaient reçu le prix de leur parjure. Ils ne parlaient jamais que par ouï dire, et aussitôt qu'ils commençaient leurs dépositions, ils étaient convaincus de faux témoignage (2). Le juge instructeur lui-même ne put résister à ce débordement d'intrigues; on le vit admonester vivement des témoins parce que leurs dépositions nous étaient favorables. Le témoin Jean Mariani de Frasso, porteur de la lettre de Luccioni que nous venons de transcrire, fut indiqué comme témoin par la famille Alessan-

---

(1) Que l'on en juge par cette lettre écrite au sieur Philippe Alessandrini par un de ses parents :

« Carissimo parente,
» Non ho mancato di fare tutto quello che ho potuto a vo-
» stro vantaggio. Casabianca (Pietro-Paolo) sono andato alla
» sua casa mi ha fatto sentire una vostra lettera dalla quale
» compresi il tutto. Non vi posso spiegare in questo momento
» il tutto. Sono quattro giorni che io non riposo a vostro ri-
» guardo, sentirete migliori le mie operazioni vi prego al te-
» stimonio di averne tutti i riguardi possibili perchè questo
» solo vi basta, *Lui ha necessità d'un animale per le semen-*
» *ti*, e credo che lo troverete. Voi cercherete tutti i mezzi
» per farlo amico, che è l'uomo più capace di Rostino. Cer-
» cato di contentarlo che vi sarà molto utile, questo è quanto
» vi dico in questa mia. Vi scrivo di volo perchè lui è in par-
» tenza, e sono vostro divoto parente,
                              ANTONIO LUIGI LUCCIONI.
(2) Sur 150 témoins plus de 100 ont été reconnus faux.

drini. On l'assigne vers la fin de septembre 1841, et Mariani se rend à Bastia pour déposer, et recevoir en même temps la récompense qui lui était promise. Philippe Alessandrini, auquel la lettre était adressée, n'était pas à Bastia ; Mariani change alors de projet, il se présente au juge d'instruction. Il est interrogé par lui ; mais comme sa déclaration n'était plus conforme aux renseignements fournis et aux espérances conçues, le juge d'instruction ne fait pas recueillir sa déposition et lui taxe cependant son salaire. Ainsi un témoin est assigné, il dépose devant le juge d'instruction et sa déposition est supprimée ou du moins elle n'est point constatée par écrit (1).

Que dire maintenant de la déposition de Pierre-Paul Casabianca, de cette déposition qui dura plus de quatre heures et qui excita tant de fois l'indignation générale! Que d'assertions mensongères, que d'affirmations impudentes n'aurions nous pas à signaler! Il est temps de faire connaître quelle a été, dans ce scandaleux procès, la conduite de cet homme. « Antoine Vinciguerra, disait-il à la cour d'assises, connaissait l'accusé Jean Casabianca : le jour de ce fatal évènement il vit fuir les assassins, et

---

(1) Les frères Morati se plaignirent à M. le procureur-général de la manière dont M. Semidei dirigeait l'instruction ; M. Chaix ne fit aucun cas de leurs plaintes. Il fallut deux arrêts de la cour pour retirer la procédure des mains de M. le juge instructeur.

il reconnut Casabianca à la démarche. » Que répondit le témoin à cette monstrueuse allégation ? Il protesta énergiquement contre ses paroles, il dénonça publiquement la fausseté de sa déclaration, et le juge de paix, pris en flagrant délit de mensonge, fut réduit à garder le silence. (1)

Au moment de la perpétration de ce crime, Pierre Paul Casabianca était sur le continent français. (2) Quand il fut de retour à Toulon pour s'embarquer, il rencontra M. Biadelli, alors juge d'instruction de cette ville (3), et aussitôt qu'il apprit, ou qu'il fit semblant d'apprendre de ce magistrat cette triste nouvelle, il s'écria : « Les Morati auront de la peine à se laver de cette tache (4). » Pourquoi donc aurions-nous eu plus de peine que les Alessandrini à nous justifier d'une pareille accusation? Jouissaient-ils d'une meilleure réputation ? Avaient-ils des antécédents plus honorables? Auraient-ils espéré une plus large part dans la succession de notre beau-père si l'infortuné Sebastiani n'était pas mort *ab intestat?* (5)

---

(1) La déposition écrite du témoin Vinciguerra ne figurait point à la procédure.

(2) Il était parti pour Paris quelques jours avant le crime.

(3) Aujourd'hui conseiller à la cour royale de Bastia.

(4) Pierre-Paul Casabianca a prétendu que c'est M. Biadelli le premier qui lui fit cette observation. M. le conseiller Biadelli a affirmé le contraire. — Il est facile de se convaincre de quel côté se trouve la vérité.

(5) Les Alessandrini ont prétendu que Me Rose-Marie

L'abbé Raffaelli, desservant de la commune de Casabianca (1), a suivi dans ce procès l'exemple de son digne protecteur (2): « Charles-Louis Pietri, a-t-il soutenu à la Cour d'Assises, m'a annoncé que la voix publique accusait les frères Morati. » Charles-Louis Pietri, heureusement, entendu après lui dans la procédure, avait énergiquement protesté contre la fausseté de cette déclaration.

Nous avons parlé de Pierre-Paul Casabianca comme témoin, il faut maintenant que nous nous expliquions sur la manière dont il a rempli les fonctions de juge instructeur. Aussitôt qu'il arrive à Bastia, il se rend auprès de M. le Procureur Général, lequel, de concert avec M. Semidei, le charge de lui donner des renseignements sur ce

---

Alessandrini était enceinte au moment de la mort de son père. Ce fait est entièrement controuvé. M⁰ Alessandrini était accouchée d'une fille deux mois auparavant.

(1) L'auteur du compte-rendu mensonger n'a trouvé que des éloges pour l'abbé Raffaelli. Ignorait-il sa conduite antérieure? N'est-il pas d'ailleurs l'ami de Pierre-Paul Casabianca? *Qui se ressemble s'assemble.*

(2) Obligé de s'expliquer sur la conduite du juge de paix Pierre-Paul Casabianca, le témoin Louis Saverj s'exprima en ces termes : « Ses mauvaises actions sont innombrables, les méfaits d'un canton tout entier ne sont pas aussi nombreux que ceux qu'il a commis. » L'auteur de la brochure n'aurait pas dû oublier cette recommandation.

malheureux évènement. Casabianca se hâte de tirer parti de la circonstance, il fait une longue apologie de la famille Alessandrini, et il est chargé après cela, de chercher des témoins, de les interroger, et de les renvoyer à M. le juge instructeur après avoir reçu leurs déclarations.

Ce fut alors que Casabianca commença à jouer son rôle. Attentif à tout ce qui pouvait être favorable à ses cousins, les frères Alessandrini, il avait soin de récompenser (1) les témoins qui relataient des circonstances contraires à la cause de la famille Morati. Se trouvant dans l'impossibilité de trouver des charges qui n'existaient pas, il s'en tenait aux propos les plus vagues, aux circonstances les plus insignifiantes, pourvu que ces propos et ces circonstances fussent contraires aux frères Morati, sans compromettre le sort de la famille Alessandrini.

Un blanc-seing, signé par Charles Morati en faveur d'un certain Jacques-Toussaint Graziani avait

---

(1) Les Alessandrini donnaient de l'argent et des bœufs de labour ; Pierre Paul Casabianca donnait des permis de port d'armes. En voici un qu'il fournit au témoin Acquatella, lequel paraissait n'être pas favorable aux frères Morati.

« Le juge de paix du canton de Campile prie les *ageans* de
» la force publique de *lasser* passer librement le nommé Ni-
» colas Acquatella muni des armes qui ne sont pas *prohibés*
» par la loi, attendu qu'il a de justes *crantes pur* ses jours
» menacés par des *contumas*.
» Campile 1er décembre 1841.
                    » *Le Juge de Paix*,
             » P. P. DE CASABIANCA. »

long-temps circulé dans la ville de Bastia (1). Casabianca, qui n'en ignorait point l'existence, s'empare de ce blanc-seing, il le livre à la justice, il le présente comme une charge accablante ; mais on finit bientôt par se convaincre que ce blanc-seing n'était autre chose que le prix d'une maison et autres immeubles vendus par le même Graziani à Charles Morati avec faculté de rachat. Cet acte de vente avait été rédigé par M. Marinetti, greffier en chef de la Cour Royale de Bastia.

L'existence de ce blanc-seing favorisa les vues du juge de paix Casabianca. Il trouva bientôt un témoin, le nommé Carlotto Agostini, lequel prétendit que Dominique Morati, arrêté à Loreto chez sa sœur madame Vinciguerra, avait fait prévenir Graziani de prendre la fuite (2). D'autres témoins vinrent

---

(1) Il avait en outre passé dans la commune de Porta entre les mains de plusieurs parents de M. Sébastiani.

(2) Le 4 mai 1841, ce témoin recevait également un permis de port d'armes des mains du juge de paix Pierre-Paul Casabianca :

« Connaissant la position du sieur Agostini Carlotto pro-
« priétaire de la *comune* de Prunelli, canton de Campilo, je
« prie tous agens de la force *puplique* de *lasser* passer li-
« brement le susdit avec une arme pour sa défense person-
« nelle, arme qui ne soit pas *prohibé* par la loi.

« Campilo 4 mai 1841.

« *Le juge de paix du canton de Campile,*
« P. P. DE CASABIANCA. »

constater à l'audience de la cour d'assises que Carlotto Agostini n'avait point vu Dominique Morati au moment de son arrestation, et Carlotto Agostini lui-même dénia complètement le propos qui avait été mis dans sa bouche.

Certes nous aurions encore beaucoup à dire si nous voulions énumérer successivement toutes les hideuses machinations à l'aide desquelles on s'est vainement efforcé de faire peser sur nous une accusation capitale. Mais pourquoi s'arrêter plus long-temps sur des turpitudes aussi révoltantes? Ne suffira-t-il point de ce que nous venons de rapporter pour que la conduite de nos adversaires soit désormais connue et appréciée à sa juste valeur? Ils n'avaient, disaient-ils, rien à se reprocher dans ce déplorable évènement; eh bien! pourquoi tant d'intrigues cachées pour élever des soupçons contre une famille innocente? Le ministère public les fit les arbitres de notre sort; cette déplorable procédure fut tout entière leur ouvrage, et ils n'ont pu, malgré cela, parvenir à aucune démonstration raisonnable. Point de charges contre Dominique Morati, le ministère public lui-même fut obligé d'en convenir; il dut s'en rapporter, à son égard, à la sagesse du jury. Le blanc-seing souscrit en faveur de l'accusé Graziani a seul servi de pivot à l'accusation portée contre Charles Morati; ce furent là toutes les charges qui s'élevèrent contre lui après quatorze mois de la plus douloureuse détention.

Humiliés de n'avoir pu réussir dans leur épouvantable tentative, nos accusateurs ont eu l'impudence de recourir à un de leurs parents lequel, sous le voile de l'anonyme, a fait tous ses efforts pour les justifier, en renouvelant contre nous cette abominable accusation. Efforts inutiles! L'opinion publique nous a tous jugés, et la Corse se souviendra encore long-temps que nous avons été acquittés malgré les dénonciations et les manœuvres de nos persécuteurs. Oui, nous avons été acquittés de cette injuste accusation ; nous l'avons été à la grande satisfaction de nos concitoyens par un jury intelligent et probe qui ne jugea pas même à propos de délibérer. Les manifestations populaires et unanimes avec lesquelles toute la ville de Bastia a accueilli notre délivrance, et dont nos accusateurs se sont montrés si étrangement scandalisés, ont été pour nous la plus douce et la plus ineffable consolation.

Voilà tout ce que nous avions à dire pour la première fois que nous avons été forcés de descendre dans l'arène. Si, par la suite, nous serons contraints d'y descendre encore, les antécédents de la famille Morati, ceux de la famille Alessandrini et du juge de paix Casabianca feront l'objet de notre réponse.

CHARLES et DOMINIQUE Frères MORATI.
ALEXANDRE VINCIGUERRA,
J. PETRIGNANI, Beaux-frères des Moratl.

www.ingramcontent.com/pod-product-compliance
Lightning Source LLC
Chambersburg PA
CBHW060910050426
42453CB00010B/1642